Sing Along Learn Chinese
동요로 배워요!

쑥쑥 **어린이 중국어**

1-1

JPLUS
Language Publishing Co.

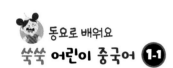

동요로 배워요

쑥쑥 어린이 중국어 1-1

개정판 발행 2023년 4월 20일

발행인	이기선
발행처	제이플러스
등록번호	제10-1680호
등록일자	1998년 12월 9일
주소	서울시 마포구 월드컵로 31길 62
전화	영업부 02-332-8320 편집부 02-3142-2520
팩스	02-332-8321
홈페이지	www.jplus114.com
ISBN	979-11-5601-219-1

차례

Contents

1

妈妈

04

2

苹果

10

3

爸爸

16

4

香蕉

22

5

小手

28

6

小猫

34

7

小脚

40

8

小狗

46

●

단어표

54

妈 妈

mā ma

唱儿歌
Sing the song.

음원　　　동영상

mā ma　　mā ma　　wǒ ài nǐ
妈妈，妈妈，我爱你。

zhēn de　　zhēn de　　wǒ ài nǐ
真的，真的，我爱你。

wǒ men yǒng yuǎn zài yì qǐ
我们永远在一起。

wǒ huì yǒng yuǎn ài zhe nǐ
我会永远爱着你。

Mommy, Mommy, I love you.
Truly, truly, yes, I do.
We will always be together.
I will love you forever.

妈妈　5

mā   ma

妈妈

mommy

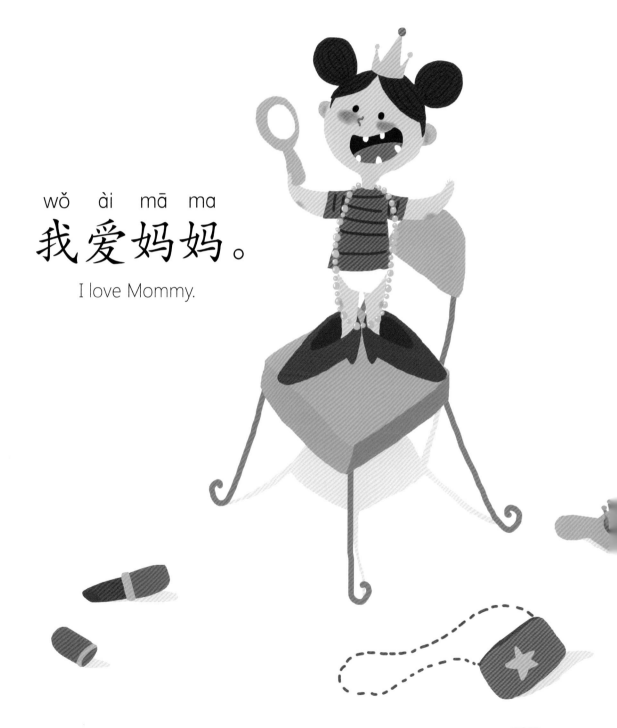

wǒ ài mā ma
我爱妈妈。
I love Mommy.

苹果
píng guǒ

唱儿歌
Sing the song.

음원

동영상

wǒ yào chī chī chī chī yí ge dà píng guǒ
我要吃，吃，吃，吃一个大苹果。

wǒ yào chī chī chī chī yí ge dà píng guǒ
我要吃，吃，吃，吃一个大苹果。

wǒ yào zhāi zhāi zhāi zhāi yí ge dà píng guǒ
我要摘，摘，摘，摘一个大苹果。

wǒ yào qīn qīn qīn qīn yí ge dà píng guǒ
我要亲，亲，亲，亲一个大苹果。

I want to eat, eat, eat, eat a big apple.

I want to eat, eat, eat, eat a big apple.

I want to pick, pick, pick, pick a big apple.

I want to kiss, kiss, kiss, kiss a big apple.

苹果

píng guǒ

苹果

apple

wǒ yào chī píng guǒ

我要吃苹果。

I want to eat an apple.

苹果 13

bà ba

3 爸爸

唱儿歌
Sing the song.

음원

동영상

bà ba　　wǒ yào qīn qin nǐ

爸爸，我要亲亲你。

qīn qin nǐ de é tóu　　qīn qin nǐ de yǎn

亲亲你的额头，亲亲你的眼。

qīn qin nǐ de bí zi　　qīn qin nǐ de ěr duo

亲亲你的鼻子，亲亲你的耳朵。

qīn qin nǐ de zuǐ ba　　qīn qin nǐ de liǎn

亲亲你的嘴巴，亲亲你的脸。

（作者 彭野，有改编）

Daddy, I want to kiss you.

Kiss your forehead; kiss your eyes.

Kiss your nose; kiss your ears.

Kiss your lips; kiss your face.

识汉字

Learn the characters.

bà   ba

爸爸

daddy

wǒ yào qīn qin bà ba
我要亲亲爸爸。
I want to give Daddy a kiss.

爸爸 19

xiāng jiāo
香蕉

唱儿歌
Sing the song.

wān wān de xiāng jiāo
弯弯的香蕉，

wān wān de xiāng jiāo
弯弯的香蕉，

bāo bao tā   bāo bao tā
剥剥它，剥剥它。

xiāng jiāo   xiāng jiāo   zhēn hǎo chī
香蕉，香蕉，真好吃！

A curvy banana,

A curvy banana,

Let's peel it. Let's peel it.

Banana, banana, — oh, so yummy!

香蕉   23

xiāng jiāo

香蕉

banana

xiāng jiāo hǎo chī

香蕉好吃！

Bananas are yummy!

xiǎo shǒu
5 小手

唱儿歌
Sing the song.

음원　　동영상

wǒ yǒu yì shuāng xiǎo xiǎo shǒu
我有一双小小手，

xiǎo xiǎo shǒu　　xiǎo xiǎo shǒu
小小手，小小手。

wǒ yǒu yì shuāng xiǎo xiǎo shǒu
我有一双小小手，

gòng yǒu shí ge shǒu zhǐ tou
共有十个手指头。

（作者 陆爱珍）

I have a pair of little hands,
Little hands, little hands.
I have a pair of little hands,
Ten little fingers in all.

xiǎo shǒu

小手

hands

看图学说话
Say the sentence.

wǒ yǒu yì shuāng xiǎo shǒu
我有一双小手。
I have a pair of little hands.

xiǎo māo
6 小猫

唱儿歌
Sing the song.

음원　동영상

mī mī 　 xiǎo xiǎo māo
咪咪，小小猫。

mī mī 　 xiǎo xiǎo māo
咪咪，小小猫。

kàn jiàn lǎo shǔ 　 kàn jiàn lǎo shǔ
看见老鼠，看见老鼠，

hē wū yì kǒu 　 chī diào tā
呵呜一口，吃掉它！

Mimi, a little kitten,
Mimi, a little kitten,
Sees a mouse, sees a mouse,
And in one big bite eats it up!

xiǎo   māo

小猫

kitten

看图学说话
Say the sentence.

xiǎo mão kàn jiàn lǎo shǔ
小猫看见老鼠。
The kitten sees a mouse.

<ruby>小<rt>xiǎo</rt></ruby> <ruby>脚<rt>jiǎo</rt></ruby>

7

唱儿歌
Sing the song.

음원

동영상

xiǎo jiǎo　　xiǎo jiǎo　　　tà tà　　　tà tà
小 脚，小 脚，踏 踏，踏 踏，

xiǎo jiǎo　　xiǎo jiǎo　　zǒu qǐ lái
小 脚，小 脚，走 起 来。

xiǎo jiǎo　　xiǎo jiǎo　　pǎo qǐ lái
小 脚，小 脚，跑 起 来。

xiǎo jiǎo　　xiǎo jiǎo　　tiào qǐ lái
小 脚，小 脚，跳 起 来。

Little feet, little feet, step, step.
Little feet, little feet, walk on over.
Little feet, little feet, run on over.
Little feet, little feet, jump on over.

识汉字
Learn the characters.

xiǎo　jiǎo

小脚

feet

xiǎo jiǎo zǒu qǐ lái
小脚走起来。
Little feet, let's walk.

小脚 43

xiǎo gǒu
8 小狗

唱儿歌
Sing the song.

xiǎo gǒu guāi guāi　　xiǎo gǒu guāi guāi
小狗乖乖，小狗乖乖，

ài chī gǔ tou　　ài chī gǔ tou
爱吃骨头，爱吃骨头。

yí ge 　 liǎng ge 　 sān ge 　 sì ge 　 wǔ ge gǔ tou
一个，两个，三个，四个，五个骨头，

liù ge 　 qī ge 　 bā ge 　 jiǔ ge 　 shí ge gǔ tou
六个，七个，八个，九个，十个骨头。

Sweet little doggy, sweet little doggy,
Loves to eat bones, loves to eat bones.
One, two, three, four, five bones,
Six, seven, eight, nine, ten bones.

xiǎo gǒu

小狗

doggy

看图学说话
Say the sentence.

xiǎo gǒu ài chī gǔ tou

小狗爱吃骨头。

The little doggy likes to eat bones.

小狗 49

우리말 번역

1과 ㅣ 엄마

엄마, 엄마 사랑해요.
정말, 정말 사랑해요.
우리 영원히 함께 있어요.
나는 영원히 엄마를 사랑할 거예요.

2과 ㅣ 사과

나는 먹을래요, 먹을래요, 먹을래요,
큰 사과를 먹을래요.
나는 먹을래요, 먹을래요, 먹을래요,
큰 사과를 먹을래요.
나는 딸래요, 딸래요, 딸래요.
큰 사과를 딸래요.
나는 뽀뽀할래요, 뽀뽀할래요,
뽀뽀할래요. 큰 사과에 뽀뽀할래요.

3과 ㅣ 아빠

아빠, 아빠한테 뽀뽀할래요.
아빠 이마에 뽀뽀하고, 아빠 눈에 뽀뽀해요.
코에 뽀뽀하고, 귀에 뽀뽀해요.
입에 뽀뽀하고, 얼굴에 뽀뽀해요.

4과 ㅣ 바나나

휘어진 바나나
휘어진 바나나
껍질을 벗겨요. 껍질을 벗겨요.
바나나, 바나나, 정말 맛있어요.

5과 ㅣ 작은 손

나는 작은 손이 있어요.
작은 손 작은 손
나는 작은 손이 있어요.
모두 열 개의 손가락이 있어요.

6과 ㅣ 고양이

야옹 아기 고양이
야옹 아기 고양이
생쥐를 보고는 생쥐를 보고는
한 입에 잡아먹어 버렸어요.

7과 ㅣ 작은 발

작은 발, 작은 발, 밟아요. 밟아요.
작은 발, 작은 발, 걸어요.
작은 발, 작은 발, 달려요.
작은 발, 작은 발, 뛰어 올라요.

8과 ㅣ 강아지

귀염둥이 강아지, 귀염둥이 강아지
뼈다귀를 좋아해요, 뼈다귀를 좋아해요.
한 개, 두 개, 세 개, 네 개, 다섯 개 뼈다귀
여섯 개, 일곱 개, 여덟 개, 아홉 개, 열 개 뼈다귀.

※ 우리말 번역 : 서빛나래

53

단어표
Word List

Lesson	Word	Sentence
Lesson 1	妈妈	我爱妈妈。
Lesson 2	苹果	我要吃苹果。
Lesson 3	爸爸	我要亲亲爸爸。
Lesson 4	香蕉	香蕉好吃！
Lesson 5	小手	我有一双小手。
Lesson 6	小猫	小猫看见老鼠。
Lesson 7	小脚	小脚走起来。
Lesson 8	小狗	小狗爱吃骨头。

이 책에서는 모두 8개의 주제 단어들을 익혔습니다. 단어의 뜻을 생각하며 큰소리로 읽어보세요.

Memo

Memo